www.ingramcontent.com/pod-product-compliance
Lightning Source LLC
Chambersburg PA
CBHW060853220526
45466CB00003B/1352
* 9 7 8 1 6 9 3 8 7 6 2 9 5 *